Peter H. E. Gogolin   Die Bilder des John D.

D1641875

Peter H. E. Gogolin

Die Bilder des John D.

Ein Lesedrama

EDITION MAYA

Aufführungsrechte unter dem Titel „Eistage" beim
Theaterstückverlag Brigitte Korn-Wimmer, München
www.theaterstueckverlag.de

Umschlagfoto: Roma Kaiuk / Unsplash.com
Umschlaggestaltung: Christoph Spanier
Gestaltung und Satz: Christoph Spanier

Druck: Totem.Com.Pl, Inowrocław TOTM
Printed in Poland

ISBN 978-3-930758-68-5
1. Auflage, 2022

Für J. S., die dieses Stück gewollt hat

Ich habe mich redlich bemüht, die Handlungen der Menschen nicht zu verlachen, nicht zu beklagen, nicht zu verabscheuen; ich habe versucht, sie zu begreifen.

Spinoza

Die völlige Wahrheit zu finden, ist nicht die Aufgabe der menschlichen Richter.

Aus der Urteilsbegründung des Israelischen Obersten Gerichtshofes

INHALT

Personen:
John D., 73 Jahre alt
2 Gefängniswärter

Ort und Zeit der Handlung:
21. September 1993, Jerusalem

1

21. September 1993. Israel. Eine Gefängniszelle. In der rechten Ecke ein sorgfältig gemachtes Bett. Zwei hüfthohe Schränke und ein Stuhl stehen links davon. Die Wände sind ringsum ganz mit Bildern bedeckt, Fotos aus Zeitschriften und hunderte von Postkarten, auf denen u.a. immer wieder Jesus und die Muttergottes zu sehen sind.

Zwei Gefängnisaufseher kommen mit John D. herein. Der erste Aufseher trägt einen Pappkarton, den er aufs Bett wirft. Der zweite schließt langsam die Handschellen des Gefangenen auf, lässt sie aber an seinem linken Handgelenk baumeln.

ZWEITER AUFSEHER *betont langsam sprechend*

So, in zwei Stunden geht's zum Flugplatz. Da wirst du verkauft. Schade, dass ich dich unter den veränderten Umständen nicht nach deinem letzten Wunsch zu fragen brauche. Wirklich jammerschade.

Als John D. fragend den linken Arm mit der Handfessel hebt. Nee, nee. Hat keine Eile. Bis du das Gelobte Land verlässt, können die noch gut dranbleiben.

ERSTER AUFSEHER *sachlich*

Persönliche Sachen alle in den Karton. Die Wände vollständig freimachen. Wenn Sie irgendwelches Werkzeug brauchen, Klebeband oder Müllbeutel, dann rufen Sie.

JOHN D.

Meine Frau ... ich

ZWEITER AUFSEHER *grinsend*

Die brauchst du jetzt gar nicht. Die siehst du immer noch früh genug.

JOHN D.

... ich hatte darum gebeten, sie anrufen zu dürfen.

ERSTER AUFSEHER

Ich kann nachfragen. Aber beeilen Sie sich jetzt besser.

Beide Aufseher ab

JOHN D. bleibt allein in der Mitte der Zelle zurück und starrt ihnen nach. Die Handschellen klappern gegen sein Bein. Er geht langsam zum Bett hinüber, hebt den Karton auf den Boden, öffnet ihn und nimmt einen dunklen Anzug und ein zusammengefaltetes Oberhemd heraus. Er legt die Hose und das Hemd auf die graue Wolldecke. Während er das Jackett ausschüttelt, blickt er zum Stuhl hinüber und erschrickt heftig. Er weicht zurück, stößt gegen das Bett, setzt sich darauf und beginnt nach einer langen Pause zu sprechen.

Bist du also doch noch gekommen. Vor fünf Jahren hatte ich dich erwartet. Aber jetzt? Ich habe so oft an dich gedacht, aber heute hat es doch keinen Sinn mehr. *Er zögert, als lausche er auf etwas.* Vielleicht hast du Recht, Tschenski. Ich weiß zwar nicht, wozu es gut sein soll, aber wenn du von so weit hergekommen bist, dann hast du wohl einen Anspruch darauf.

Mag sein, dass du es nicht verstehst, aber in diesen Minuten, da die Nachricht meiner Freilassung vermutlich bereits um die Welt geht, fühle ich mich noch genauso falsch beurteilt wie vor fünf Jahren, als man mich in eben dieser Stadt zum Tode verurteilt hat. *Er legt das Jackett beiseite und beginnt langsam, seinen Gefängnisoverall auszuziehen.*

Wenn ich an diese fünf Jahre denke, die mir wie ein einziges großes, sehr gleichförmiges und im Grunde banales Bild vor Augen stehen, an dieses Bild eines zum Tode Verurteilten also, das vom ersten Moment an ein falsches gewesen ist, eines, in dem ich nur gezwungenermaßen und niemals während all der Jahre tatsächlich mich selbst habe erkennen können, dann begreife ich, dass man mich mir selbst gestohlen hat.

Und natürlich hat es nicht damals erst begonnen. Wollte

ich nur die Dinge betrachten, die zu meiner Verurteilung, dann zum Freispruch und heute zu meiner Entlassung geführt haben, so müsste ich sagen, dass spätestens vom Moment meiner Verhaftung und Auslieferung an, also auch und gerade vom Moment der ersten Berichterstattung in den Medien an, ein Persönlichkeitsdiebstahl an mir begangen worden ist, ein perverser Seelenraub, der niemals korrigiert werden kann, weder in den Augen der anderen noch vor mir selbst.

Spätestens seit jenem Tag ist es unmöglich geworden, dass mich jemand anschaut und einfach einen dreiundsiebzigjährigen Großvater sieht, der sich nach seiner Familie sehnt und endlich einmal seine Enkelkinder wieder in die Arme nehmen möchte.

Und auch vor mir selbst, Tschenski, gelingt es natürlich nicht, dieses Bild aufrecht zu erhalten, ganz gleich wie oft ich es den Reportern entgegenrufe, denn das andere Bild, das Bild des schließlich entdeckten, gefassten, der Gerechtigkeit überantworteten und zum Tode verurteilten Massenmörders überlagert jedes andere. Es deckt alles Übrige zu, löscht mich, was immer ich auch von mir gefühlt und gedacht haben mag, rücksichtslos aus; oder vielleicht gerade nicht rücksichtslos, möglicherweise hätte mir eine solche Rücksichtslosigkeit mehr Mittel zur Gegenwehr in die Hand gegeben.

Verstehst du das, Tschenski? Tatsächlich ist es ja mit einer vollendeten Gleichgültigkeit mir gegenüber geschehen, also dem gegenüber, was ich möglicherweise war oder hätte sein können, denn in Wahrheit hat man mich bloß benutzt, so wie man mich schon zuvor immer wieder nur benutzt hatte, für Zwecke und Ziele benutzt hatte, denen ich ganz und gar gleichgültig gewesen bin.

Und diese Gleichgültigkeit meiner wahren Person gegenüber,

mit der man mich benutzt und sich die Welt ein Bild von mir gemacht hat, ist es gewesen, die mein Leben in den letzten Jahren vernichtet hat, so wie es zuvor schon wiederholt vernichtet worden war.

Nur dies wird bleiben, Tschenski, in der Erinnerung bleiben wird dieses Bild, nicht ICH, unabhängig von jedem Freispruch

2

Er hat den Overall ausgezogen, sitzt in der Unterwäsche da und beginnt umständlich das Hemd und den alten Anzug anzuziehen.
Immer und immer wieder ist es in diesen beiden Prozessen, im ersten wie im zweiten, ja um Bilder gegangen. Um erinnerte Bilder wohlgemerkt, da es andere nie gegeben hat, um die Beweiskraft und Realität von Bildern in den Köpfen von Zeugen also, um die mögliche Identität von Personen, an die man sich im Abstand von nun bald fünf Jahrzehnten zu erinnern glaubte, und mir ist dies, je länger man darüber gestritten hat, vorgekommen wie der Versuch, anhand von Träumen, die in großen Abständen und verschiedenen Ländern geträumt worden sind, auf die Person des Träumers zu schließen.

Heute, da man zumindest hat zugeben müssen, daß diese Identität nicht behauptet werden kann, macht es für mich kaum noch einen Unterschied.

Tatsächlich, das musst du wirklich begreifen, Tschenski, weil du vielleicht der Einzige bist, der es wissen muss und verstehen kann, tatsächlich ist es ja so, dass ich längst nicht mehr sagen oder überhaupt erkennen könnte, wer ich bin oder besser gewesen bin, denn wenn ich mich befrage, wenn ich mich mit meinem inneren Blick selbst betrachte, dann sehe ich nichts.

Es ist so weit gekommen, dass ich nichts von mir zu sehen vermag.

Nur hin und wieder ist da das Bild einer Hand, einer schmutzigen Kinderhand, die eine dampfende, also noch heiße Schweinekartoffel hält, und diese Hand, das nehme ich an, diese schmale, knochige Kinderhand muss meine eigene Hand sein, denn sie befindet sich so dicht vor meinen Augen, dass es nicht anders sein kann.

So ist mir also nach einem Leben durch sieben Jahrzehnte nichts anderes als Bild meiner wahren Person geblieben, Tschenski, als diese Hand aus ferner Vergangenheit, ohne dass ich mit letzter Sicherheit jemals werde sagen können, ob nicht auch das nur ein Traum gewesen ist.

3

Nimmt die Schuhe aus dem Karton und zieht sie an.
Jetzt, da sie mich in meine Zelle zurückgebracht haben und ich auf den Anruf meiner Frau warte, während ich also wieder wie in all den Jahren zuvor in dieser Zelle stehe und die Wände anstarre, bin ich endgültig zu einem Mann geworden, der nicht sagen kann, wer er ist.

Ich werde weiter existieren, weiter zwischen diesen Träumen leben, die die Vergangenheit sind und jetzt auch meine Gegenwart, leben und hoffen, dass es ein Ende hat.

Ist es möglich, Tschenski, ist es möglich, dass die Zeit einmal endet, die gesamte Vorstellung von Zeit als der Vergangenheit, sodass es überhaupt kein Morgen gibt?

Du musst das doch wissen.

Da ist also diese Hand, da ist diese Schweinekartoffel. Ich habe davon niemals zu jemandem gesprochen, auch zu Wera nicht, trotzdem muss es diese Hand einmal gegeben haben. Entweder in einem meiner Träume oder in der Realität meines vergangenen Lebens. Und heute, da es sie nur noch als Bild in meiner Erinnerung gibt, heute, da ich sie zu fassen, zu verstehen versuche, um nur irgend etwas festzuhalten, was möglicherweise am Anfang meiner selbst gestanden haben mag, sehe ich wieder dich, Tschenski, hinter der Wédomstwo-Schule, wie du über das Eis des zugefrorenen Flusses laufend, stolpernd, ausgleitend und auf den Knien rutschend, deine Hefte und den zersprungenen Griffelkasten aus schwarzem Bakelit zu erreichen versuchst.

So wie es für dich damals die Hefte, den hässlichen Griffelkasten und das Tuch gegeben hat, **die du um keinen Preis verlieren wolltest**, so muss es auch diese Hand und die Schweinekartoffel gegeben haben.

Es muss!

4

Vielleicht wenn ich heute meine eigenen Augen sehen könnte, so sehen könnte wie ich deine Augen sah, Tschenski, damals auf dem brüchigen, grauen Eis hinter der Wédomstwo-Schule, würde ich wissen, was es damit auf sich hat. Aber ich habe mich niemals so sehen können, eigentlich niemals wirklich sehen können, zu keiner Zeit. Deshalb macht es auch nichts, dass es in meiner Zelle keinen Spiegel gibt. Ich würde darin nur einen fetten, alten Mann mit Brille sehen, der mir nichts bedeutet.

Manchmal kommt es mir so vor, als sei alles, was mir jemals begegnet ist, nur durch mich hindurch gelaufen, ohne eine Spur zu hinterlassen. Alle die Menschen, die Landschaften, die Städte später, und auch ich selbst, also das, was es von mir zu sehen und zu wissen gab, hindurch gelaufen, und es ist nichts da gewesen, was es hätte festhalten können. Kannst du dir das vorstellen? Es ist nichts da gewesen, weil man es mir gestohlen hat, weil man mich immer wieder gezwungen hatte, etwas zu sein, was die anderen wollten.

Im Sommer auf den Feldern die Großbauern, die Lehrer in der Wédomstwo-Schule im Herbst und Winter, in der Kolchose später die Russen, als die Deutschen kamen, die Deutschen, dann die Amerikaner, Wera, die Kinder und jetzt, zuletzt, die Israelis, die Amerikaner, die Russen, ihre Geheimdienste, die Zeitungen, das Fernsehen, alle zusammen. Ich habe es nicht festhalten können, habe mich nicht festhalten können, und so ist auch nichts geblieben.

Du hast es einfacher gehabt, Tschenski, du bist genau der, der du bist. Ein Junge aus Dubowi Macharynzi, der im frühen Winter 29 hinter der Wédomstwo-Schule über das Eis rennt. Das ist ein klarer Schnitt. Du brauchst dir keine Mühe mehr zu geben, etwas zu werden, in diesem Jahr dies, im nächsten Jahr das.

Ein klarer Schnitt!

5

JOHN D. *sitzt, nachdem er seine alte Zivilkleidung angezogen hat, wieder auf dem Bett, faltet den Gefängnisoverall langsam zusammen und hält ihn dann lange im Schoß, als könne er sich nicht davon trennen.*

Oft hat es in den vergangenen Jahren ja Stunden und mitunter ganze Tage und Nächte, vor allem Nächte, gegeben, in denen ich der sadistische Mörder, für den sie mich hielten und für den mich die überwiegende Mehrzahl mit höchster Wahrscheinlichkeit immer noch hält, tatsächlich habe sein wollen.

Ich habe oft in den Morgenstunden wachgelegen und mir auf eine dumme, inbrünstige Weise gewünscht, dieser **Iwan der Schreckliche aus Treblinka** wirklich sein zu können.

Nur um ein für allemal jemand zu sein.

Wenn sie mich in diesen Stunden gefragt hätten, wenn sie mich wenigstens soweit verstanden hätten, um diesen Wunsch zu erahnen und mich dann gefragt hätten, ich wäre bereit gewesen, ihnen alles zu bestätigen. Aber sie haben mich nicht gefragt, weil sie schon alles zu wissen geglaubt haben, was es zu wissen gab, und deshalb haben sie diese vielleicht für sie und mich entscheidende Möglichkeit verpasst.

So ist also diese Möglichkeit vorübergegangen, Tschenski, denn ich habe mir letzten Endes, immer wenn der Wunsch vollkommen unwiderstehlich zu werden begann, diesen so einfachen Weg selbst versperrt. Die Madonna ist mein Zeuge, dass ich mir diesen Weg, diesen Ausweg, der für alle der denkbar einfachste gewesen wäre, selbst versperrt habe, denn ich habe gewusst, dass ich damit den alten Fehler wiederholt hätte.

Ich hatte niemals Traktorfahrer in einer Kolchose sein wollen, aber ich war es. Ohne es sein zu wollen, bin ich Soldat der Roten Armee gewesen. Ich war Kriegsgefangener der Deutschen und habe mich zum Hilfswilligen der SS machen lassen, die mich in General Schandruks Armee gesteckt hat, weil ich niemals NEIN gesagt habe!

Ein solches NEIN, Tschenski, wäre natürlich möglicherweise mein Tod gewesen, aber es war zugleich der einzige Weg, um einmal ich selbst zu sein und von allem befreit, so wie du.

Stattdessen habe ich leben wollen, einfach nur leben wollen, und ich bin deshalb immer das gewesen, was sie von mir verlangten, sie, die Russen, die Deutschen, die U.S. Army und alle anderen.

6

Steht vom Bett auf, legt den Overall auf den Schrank neben der Tür und beginnt dann, die Fotos und Postkarten von den Wänden zu entfernen.

In letzter Konsequenz, Tschenski, hätte ich der Welt schon als Kind mein NEIN entgegen schreien müssen, damals, 1921, während der ersten Hungersnot, als ich ein Jahr alt war, dann 1928, während der zweiten, oder im Winter 32/33, als die Sowjets 7 Millionen Ukrainer in den Hungertod getrieben haben. Das ist dir erspart geblieben.

Meine Familie hat damals Mäuse, Ratten und Vögel essen müssen. Dieser Welt hätte ich mein NEIN entgegen schreien sollen, statt mit meinen unverschämten mageren Kinderhänden nach stinkenden Schweinekartoffeln zu grapschen.

NEIN und Schluss!

Zwischen dem Tag meiner Geburt und meinem dreizehnten Lebensjahr haben die Sowjets 15 Millionen Ukrainer umgebracht. Und ich habe weitergelebt, statt dazu NEIN zu sagen.

In diese Gesellschaft habe ich mich sogar als Traktorfahrer aufnehmen lassen.

Da steckt der Fehler, Tschenski. Und obwohl der Wunsch, nachdem ich für alle zuvor genau das gewesen bin, was sie von mir wollten, nun auch für die Israelis Iwan der Schreckliche zu sein, fast unerträglich und zwingend war, habe ich doch gewusst, dass ich diesen Fehler nicht erneut begehen durfte.

Damit, weißt du, hat alles begonnen, schon als du über das Eis gelaufen bist, Tschenski, verstehst du, und deshalb durfte es so nicht zu Ende gehen, deshalb habe ich mich hier in Jerusalem gezwungen und immer wieder gezwungen, NEIN zu sagen.

Dieser Wunsch ist ja eine geheime Verführung gewesen durch all die Jahre seit meiner Auslieferung. Aus dem ursprünglichen Zwang, aus diesem seit den ersten Tagen der Kindheit völlig gleichgültig an mir verübten Seelenraub, den ich damals natürlich nicht habe verstehen können, ist 1986 nach meiner Auslieferung an Israel fast sofort eine Stimme der Verführung geworden, eine ständige Einflüsterung, die nur geschwiegen hätte, wenn ich auch diesmal bereit gewesen wäre zuzustimmen, wenn ich mich also zu demjenigen entwickelt hätte, der ihnen allein von Nutzen sein kann.

Aber genaugenommen ist das nicht alles gewesen, was diese ständige Einflüsterung, Iwan der Schreckliche zu sein, so verführerisch gemacht hat. Recht eigentlich **zu einer Sehnsucht** hat dieser Wunsch, dieses nächtelange Traumbild ja nur deshalb werden können, weil ich tatsächlich ein NICHTS gewesen bin, ein als ein selbstbestimmtes menschliches Wesen vollständig Verleugneter und Vernichteter, jemand, der nur das Nichts findet, wenn er sich selbst zu suchen beginnt, ein Zerstörter, der nur sagen kann, wer er nicht ist.

Da wäre dieses Schwein, dieser Iwan aus Treblinka, obwohl ich den Ort nie gesehen habe, ja eine Möglichkeit gewesen! Eine negative, aber eine Möglichkeit immerhin. Schließlich heißt es ja, daß er aus **freiem Willen** gefoltert, geschändet und gemordet haben soll. Falls das stimmt, dann hatte er mir auf jeden Fall diesen **freien Willen**, was immer das sein mag, voraus.

Iwan war, wenn es ihn so, wie sie ihn geschildert haben, tatsächlich gab, eine selbstbestimmte Person und deshalb für mich eine unerhörte Möglichkeit!

Er ist in jeder Hinsicht der verführerischste Ausweg meines Lebens gewesen, denn schließlich hat man mir niemals zuvor die Freiheit zugestanden, eine Einzelperson mit einer eigenen Seele zu sein.

Eine verführerische Möglichkeit, Tschenski, die vielleicht einzige Möglichkeit überhaupt, vergiss das nicht!

Doch im Grunde, das ist mir hier in Jerusalem klar geworden, wäre das selbstverständlich nur dann ein Weg gewesen, wenn man eben gerade nicht versucht hätte, mich für die Taten Iwans verantwortlich zu machen. Es hätte nur dann einen Sinn gehabt, wäre nur dann ein Ausweg für **mich** gewesen, wenn niemand von mir und ihm gewusst hätte!

Verstehst du?!

Nur ich allein hätte von Iwan dem Schrecklichen wissen dürfen! Um dann, stell es dir vor, in einer eigenen Entscheidung zu sagen, das bin ich! Das will ich sein!

Ich bin Iwan der Schreckliche!

Hier nehmt mich! Nur so!

7

Natürlich ist das Quatsch.

Das weiß ich ja.

Wenn nur ich von ihm gewusst hätte, dann hätten sie ihn nicht gesucht. Dann wäre er allen ganz gleichgültig gewesen, dann hätte ihn niemand haben wollen. Er wäre nichts wert! Nichts wert, verstehst du, Tschenski? Nichts wert für die

Geheimdienste, nichts für die Politiker, die Zeitungen und alle anderen.

Nichts wert für niemanden!

Hätte ich in einem solchen Fall darauf bestanden, er zu sein, so wäre das eine rein private Idee gewesen, mit der ich möglicherweise meine Familie hätte quälen können, mit der ich vielleicht am Ende Wera und die Kinder verrückt gemacht hätte. Obwohl ich sicher bin, dass es so weit niemals gekommen wäre, denn dazu ist Wera viel zu praktisch veranlagt. Sie hätte schon gewusst, wo ich in einem solchen Fall hingehört hätte. Aber so war es ja nicht. So war es ja nicht! Und weil es so nicht war, deshalb hat auch dieser Iwan kein Ausweg für mich sein können.

Tatsächlich war es umgekehrt. **Sie** haben geglaubt, alles zu wissen. Sie meinten, Iwan den Schrecklichen zu kennen und haben behauptet, dass ich mit ihm identisch sei.

Das hat den Ausweg versperrt!

In dieser Situation hätte ich nur dann JA sagen können, wenn ich bereit gewesen wäre, den alten Fehler zu wiederholen, ihn vielleicht ein letztes Mal zu wiederholen, denn das ist es ja gewesen, was ich seit jeher getan hatte, das ist der Weg gewesen, auf dem ich überhaupt erst in die Lage gekommen bin, in der ich mich heute befinde, und in diesem Fall hätte es zur Hinrichtung geführt.

Obwohl, das ist nicht ...

Er beginnt, sorgfältig die Postkarten in den Karton zu legen.

... die Hinrichtung ist nicht der Grund gewesen, mich der Zustimmung zu versagen.

Überleg mal, die Hinrichtung wäre, wenn ich durch das

Eingeständnis, Iwan der Schreckliche aus Treblinka zu sein, endlich eine Identität gewonnen hätte, sogar die Krönung gewesen! Verstehst du?! Mit der Hinrichtung hätten sie mir ja gesagt, das bist du! Das genau bist du! Nicht mehr und nicht weniger!

Das! Das! DAS!!!

Durch die Hinrichtung hätten sie mich doch endlich als diese ganz bestimmte Person anerkannt! Ich hätte niemals mehr jemand anders sein müssen. Ich wäre, verstehst du, erlöst gewesen. Tschenski, stell dir das vor!

ERLOST!

8

In Amerika, in Ohio schon, in meinem dritten oder vierten Jahr bei den Ford-Werken, da ist es passiert, dass ich am Ende eines Zuges stand, hinten, im letzten Wagen, nur noch die Schiebetür, die durch eine Kette gesichert war, zwischen mir und den zurückeilenden Geleisen. Die Kette schlug immer wieder gegen den Rahmen der Tür, ich kann sie heute noch hören. Tschak! Tschak! Tschak! Tschak! Jetzt! Jetzt! Jetzt! Jetzt!

Und da habe ich plötzlich überhaupt nicht mehr gewusst, wo ich war.

Ich habe natürlich alles gesehen. Die Eisenbahngeleise, die Landschaft, durch die wir fuhren, den Staub hinter dem Zug und die trockenen Sträucher am Bahndamm. Ich habe links den Damm sehen können, etwa hüfthoch, die Schienen blieben so hinter dem Zug zurück, dass ich gewusst habe, wir fahren nach rechts, in einem weiten Bogen nach rechts. Ich habe das alles vor mir gesehen, den wolkenlosen Himmel und die Sonne darüber, die Tür mit den zwei schmalen Scheiben vor mir, die ständig fortgleitenden Schienen und auch mich selbst.

Ja, auch mich selbst!

Nicht einfach als Spiegelbild oder so wie man sich schnell einmal im Vorbeigehen erblickt, wenn man an sich herabschaut, nicht dies, dort ein Arm und ein Bein, oder den Stoff der eigenen Hose, man kann sich ja niemals wirklich sehen, so also nicht.

An diesem Tag habe ich mich gesehen! Ganz und gar, Tschenski! Zusammen mit dem Zug und der Landschaft. Und ich habe trotzdem nichts mehr gewusst.

Kannst du dir das vorstellen? Alles war da. Ich war mitten darin, und es gab trotzdem keinerlei Anhaltspunkte.

Wenn in diesem Moment alles das verschwunden wäre, der Zug und das ganze Drumherum, wenn dort plötzlich, ich meine **übergangslos** wieder das Kriegsgefangenenlager bei Rovno vor meinen Augen erschienen wäre, oder wenn ich erneut im amerikanischen DP-Lager in Regensburg gestanden hätte, ich wäre sofort an meine Arbeit gegangen.

Ich wäre nicht erstaunt gewesen.

Nicht einmal erstaunt!

Ich wäre ohne zu zögern an meine Arbeit gegangen, denn ich hatte doch niemals geglaubt, dass das ein Ende haben könnte, dass es einmal etwas anderes geben könne als diese Lager.

Auch als ich dann längst den LKW fuhr und für die Amerikaner Kohlen und Brennholz transportierte, war es noch so. Für andere gab es das alles. Es schien für jeden um mich her ein Vorher und ein Nachher zu geben, es gab die Zeit vor dem Lager, und sie dachten auch an eine Zeit danach. Ständig dachten sie an die Zeit danach. Das war wichtiger als die Essensrationen!

Für mich gab es das nie!

Und so habe ich, als ich damals in Ohio in diesem Zug stand, dort am Ende des Zuges vor der verschlossenen Tür, plötzlich begriffen, dass die ZEIT nicht auf mich achtet.

Ich habe verstanden, dass alles unwirklich war.

Jetzt war ich vielleicht jemand, der gerade von der Zugtoilette zurückkam, irgendein Mann, der auf das zufällige Klappern der Kette an der Schiebetür lauschte, die den letzten Waggon gegen die schnell zurückeilenden Geleise hin abschloss, und im nächsten Moment, schon im nächsten Moment konnte ich wieder einer der Gefangenen in Rovno sein, um dort die zerstörten Eisenbahnschwellen für die Deutschen auszubessern. Ich würde auf die gebrüllten Befehle der SS-Wachen achten, auf diese deutschen Worte: LINKS! LINKS! RECHTS! WEITER! NICHT STEHENBLEIBEN! SCHNELLER!

9

Es sind ja nie meine Worte gewesen.
Die Worte waren immer die Worte der anderen.

10

Wenn es so etwas wie eine Seele wirklich gibt, Tschenski, wenn der Mensch nicht nur ein Loch ist, in das man alles hineinstopfen kann, ganz nach Belieben hineinstopfen kann, dann bin ich kein Mensch gewesen. Das ist mir damals im Zug klargeworden. Ich habe dort plötzlich gestanden, ohne zu wissen, wer ich bin. Alles hätte auch anders sein können. Ich hätte mich mit jedem Ort und jeder dort von mir geforderten Handlung abgefunden, abfinden müssen, hätte mich auf den Tag eingestellt.

Ich hätte mich in jedem Moment, der vor mir lag, auf den Tag eingestellt!

Aber es war ja nur der Zug.

Ich befand mich in einem amerikanischen Zug. Wera war, ich glaube, im vierten Monat schwanger. Wir sind in diesem Jahr viel gefahren. Im Frühjahr zweimal nach Lorain, dann später im Sommer den Eriesee hinauf zu den Niagarafällen. Einmal auch an die Küste. Darum weiß ich es nicht mehr genau.

11

In Ohio habe ich angefangen, in diese Taschenkalender zu schreiben. Wera schenkte mir den ersten 1952, im April zum Geburtstag, nachdem wir in den USA angekommen waren. Ein neuer Kalender im April!

Mein Gott, es war völlig verrückt, denn als ich begonnen habe, diesen Taschenkalender zu benutzen, da kam ein Punkt, an dem ich gedacht habe, wenn es das schon immer gegeben hätte, wenn es schon immer die Möglichkeit gegeben hätte, in solchen Kalendern alles aufzuschreiben, dann hätte doch nichts von dem, was mir widerfahren war, geschehen müssen!

Jeden Tag habe ich alles eingetragen, mit einer ganz kleinen Schrift. Das Wetter und jede Kleinigkeit, die sich ereignet hatte, die Reparaturen am Haus und die Zähne der Kinder.

Das Schreiben, habe ich gedacht, hätte doch schon immer eine Möglichkeit sein können, um mich Satz für Satz ein Stück weit wirklicher werden zu lassen. Tag für Tag, Eintragung für Eintragung hätte ich deutlicher sehen können, wer ich bin.

Aber das stimmte nicht. Es war ein Irrtum. Erst viel später bin ich darauf gekommen, dass das Schreiben nicht hilft. Es hilft nicht nur nicht, es verschärft sogar die Situation. Denn es bedeutet nichts, wenn da steht ,Für Lydia Schuhe gekauft'.

In diesen Taschenkalendern habe ich mir eine Vergangenheit erschreiben wollen, um so zu mir selbst sagen zu können, schau hin, das bist du, das und das und das, jeden Tag. Es gibt nun all diese sinnlosen Protokolle; heute weiß ich es. Etwa 1960 habe ich mit den Kalendern aufgehört, obwohl Wera mir noch jedes Jahr zum Fest einen neuen schenkt. Es hat nicht geholfen.

12

Lange vor dieser Zugfahrt, 1952, als ich bei der Einwanderung vor den Immigration Officers über meine Vergangenheit zu berichten hatte, da ist mir gewesen, als sei ich in einer großen Unwirklichkeit gefangen, weil ich plötzlich eine Vergangenheit haben musste, über die ich ihnen in zufriedenstellender Weise Rede und Antwort zu stehen hatte, während mir doch in jedem Moment klar gewesen ist, dass es eine Vergangenheit in der Art, wie sie sie verstanden, niemals gegeben hatte und auch gar nicht geben konnte. Alle die, die dort von Vergangenheit sprachen, waren ja zu keinem Zeitpunkt ihres Lebens zum Beispiel gezwungen gewesen, eine Ratte zu essen, die seit drei Tagen tot war.

Jeder von ihnen hatte stets in irgendeiner Weise über sein eigenes Leben entscheiden können, während ich noch immer darum rang, zum ersten Mal in die Reichweite einer solchen möglichen Wahl zu kommen.

13

Stattdessen, aber wie hätte ich ihnen das erklären können, ohne ihren Argwohn zu erregen, bin ich immer in der **grauen Kammer** gewesen. In einer grauen Kammer. Heute nenne ich es selber so. Die graue Kammer, das ist der wahre Ort meines Lebens. Vermutlich habe ich mich darin schon lange, bevor ich es bemerkt habe, befunden, möglicherweise war ich mein ganzes Leben hindurch in dieser grauen Kammer, und meine Träume in Rovno haben mir nur endlich die Augen dafür geöffnet. Damals habe ich viel geschlafen. Natürlich blieb uns im Lager zum Schlafen nicht viel Zeit, aber ich hatte mir angewöhnt zu schlafen, wann immer es nur eben möglich war, in jeder denkbaren und undenkbaren Situation, ich habe im Stehen geschlafen, konnte im Gehen schlafen, jederzeit vermochte ich augenblicklich einzuschlafen.

Es war wie ein Mechanismus geworden, eine Art Apparat im Kopf, den ich mit einem einzigen Gedanken bedienen konnte, ich brauchte nur ganz kurz daran zu denken, und es geschah. Ich habe es mir nicht vorgenommen, das war nicht notwendig. Es geschah einfach. Ich begriff, dass es möglich war und habe mich dieser Möglichkeit bedient. Selbstverständlich habe ich dabei niemals die Augen geschlossen, und ich konnte auch stets hören, was um mich herum geschah, ja, eigentlich habe ich in diesem Zustand sogar viel besser hören können. Ich vermochte auch entfernte Geräusche sofort zu deuten, konnte jeden am Schritt erkennen, wusste, wie weit die Wachen noch von mir weg waren und konnte mich auf sie einstellen; ich schlief und besaß doch einen viel höheren Grad an Wachheit als zuvor.

Nur gesehen habe ich nichts, trotz der geöffneten Augen, denn ich befand mich dann in der grauen Kammer. Anfangs habe ich gedacht, dass es ein Traum sei, und ich habe eigentlich niemals ganz aufgehört, es vor mir selbst als Traum zu bezeichnen.

Verstehst du, Tschenski? Wenn du wüsstest, ganz sicher wüsstest und es auch niemals vergessen könntest, dass unter deinen Füßen, wo auch immer du gehst, jederzeit und überall alles hohl ist, sodass du in jeder Sekunde einbrechen und in diesen Abgrund stürzen kannst, dann wirst du vorziehen, es für einen Traum zu halten; Träume können bedrohlich sein, aber es sind schließlich nur Träume.

So verhielt es sich auch mit der grauen Kammer. Jedes Mal, wenn ich auf diese Weise einschlief, betrat ich sie. Übergangslos. Es war, als müsse ich nur einen einzigen Schritt tun, um durch eine unsichtbare Tür zu gehen, ein kleiner Schritt, und ich bog um eine verborgene Ecke, hinter der sich die graue Kammer auftat und mich einschloss.

Diese Kammer war gewiss nicht groß, obwohl ich niemals ihre Wände gesehen habe, denn ich sah stets nur ein schlieriges, sich langsam bewegendes Grau, dessen Grenzen nicht zu erkennen waren. Aber es war eng, und ich habe niemals gewusst, ob ich, wenn ich darin war, stand oder lag. Es gab keine Berührungen, nur dieses Grau, mal dunkler, mal etwas heller, ohne oben und unten. Manchmal meinte ich, darin meine Hände zu sehen, ein blasses Schimmern im Grau der Umgebung, und dann habe ich das, was vor meinen Händen war, als oben bezeichnet. Aber das war bedeutungslos, denn das Gegenteil hätte ebenso richtig sein können. Wenn ich daraus erwachte, etwa weil einer von den Capos in die Baracke kam, dann war es jedes Mal wie eine Trennung mit einem kurzen Schmerz, nein, vielleicht kein Schmerz, eher war es ein Ziehen und kurzes Zittern im ganzen Körper, bei dem ich einen bitteren Geschmack auf der Zunge empfand, als habe ich an einer Kupfermünze geleckt. Ich wurde aus der grauen Kammer herausgezogen; ich mochte es eigentlich nicht, wenn ich dort war, aber es war doch jedes Mal eine Enttäuschung, die graue Kammer wieder verlassen zu müssen.

Es war mir lieber, die graue Kammer als Traum zu betrachten, nur habe ich gleichzeitig auch immer gewusst, oder doch zumindest geahnt, dass es kein Traum sein konnte. Träume verändern sich ja. Zwei oder sogar drei Träume, die genau gleich sind, wären gewiss eine große Seltenheit, doch möglich immerhin. Aber fünfzig Träume, hundert Träume, tausend Träume, Tschenski, was sage ich, tausende von Träumen zu jeder Zeit, durch Wochen und Monate und Jahre hindurch, immer und immer wieder, daran ist gar nicht zu denken, das kann nicht sein!

Das ist die Wahrheit!

Die graue Kammer ist die Wahrheit!

Irgendwann habe ich gewusst, ohne dass es mir jemand hätte sagen müssen, dass ich darin zeit meines Lebens gewesen bin, und es stand mir keinesfalls frei, dorthin zu gehen. Noch Jahre später, als ich schon längst wieder ganz normal schlief, als ich wie jeder andere Mensch Nacht für Nacht in einem richtigen Bett lag, mit Wera an meiner Seite, da ist das Einschlafen nichts anderes für mich gewesen, als dieser undenkbar kurze Weg in die graue Kammer, und ich habe gedacht, dass ich über Tag nur auf Besuch in der Welt sei, dass, wenn ich nicht aufpassen würde, jeder bemerken könne, wie wenig ich tatsächlich vorhanden war. Ich habe in die graue Kammer gehört, nirgendwo sonst habe ich so sehr hingehört wie dort, und sie war immer da, um mich zurückzuholen.

14

Damals habe ich mir angewöhnt, viel zu lächeln. Ich lächle ja ständig, es ist inzwischen wie ein Zwang. Oft habe ich in den unpassendsten Situationen die Menschen angelächelt, auch während der Prozesse, weil ich gehofft habe, dass sie mich dann deutlicher sehen können. Ich habe ja nicht gewollt, dass sie bemerkten, wo ich mich in Wirklichkeit befand.

Beim Frühstück mit Wera habe ich mich sogar gezwungen, in regelmäßigen Abständen etwas zu sagen, damit sie nicht auf den Gedanken kommen konnte, ich sei eigentlich gar nicht da. Trotzdem ist es natürlich geschehen, dass sie etwas bemerkt hat.

John? hat sie dann plötzlich gefragt, geht es dir gut? Und dann habe ich gewusst, dass ich wieder für einen Moment lang nicht aufmerksam gewesen bin, dass ich dabei gewesen war, den Schritt um die Ecke zu tun, den Schritt durch die unsichtbare Tür, dorthin, wo ich immer gelebt hatte.

Alles andere war nur vorgespielt. Alles andere war wie das Befolgen eines Befehls. Wenn Wera mich gefragt hat, ob es mir gut gehe, dann habe ich ihren Befehl befolgt.

Ja, natürlich, habe ich gesagt, alles prima!

Sogar, dass es mir gut gehen sollte, hat man mir befohlen.

15

Darüber habe ich nie geklagt.

Ich habe gewusst, dass es besser so war. Es war das Beste, was ich hatte erreichen können. Das ist mir klar gewesen, auch wenn es mir dann später, nach dem Todesurteil, in einer Art und Weise bewusst geworden ist, die ich zuvor nicht einmal ahnen konnte. Denn das Schlimmste, das Schlimmste, Tschenski, was einem Menschen geschehen kann, ist, seine Todesstunde zu kennen. Das hast du nicht erleben müssen. Für dich ging alles so schnell, dass du das nicht erleben musstest.

Stell dir vor, wenn alles festgelegt ist, und man nichts dagegen tun kann!

Ein Verurteilter im Gefängnis, der nur auf seinen Tod wartet, ist vollkommen hilflos. Der Tod steht fest. Und nach einer gewissen Zeit beginnt man, tatsächlich zu sterben. Dann gibt es kein Morgen mehr. Jetzt kann man nicht mehr planen, nichts mehr denken, sich nichts mehr vorstellen, man kann nicht einmal mehr träumen.

Überall stößt man auf die Grenze.

16

In den ersten Monaten nach dem Todesurteil habe ich deshalb fast nur in der grauen Kammer gelebt; alles andere war mir unerträglich geworden. Und ich habe sogar gedacht, dass ich mit der grauen Kammer in all den Jahren bereits meine Todeszelle vorausgeträumt hatte. So wie jemandem, dem es bestimmt ist, eines Tages zum Schafott verurteilt zu werden, schon Jahre vorher mit jeder Bahnschranke die auf ihn zukommende Todesart gezeigt wird.

Sobald ich allein hier in meiner Zelle war, habe ich mich aufs Bett gelegt und den Schritt aus der Welt getan. An manchen Tagen habe ich viele Stunden so gelegen und nicht einen einzigen Gedanken gedacht, an den ich mich nachher hätte erinnern können. Wenn ich heute daran zurückdenke, kommt es mir so vor, als sei ich in dieser Zeit bereits tot gewesen und hätte es dann nur vergessen.

Ein Toter, der sich an die Stunde seines Todes nicht zu erinnern vermag und sich deshalb irrtümlich noch für lebendig hält.

In diesen Monaten ist es irgendwann geschehen, dass meine Mutter zu mir gesprochen hat.

Ich hatte schon vorher manchmal bemerkt, dass ich in der grauen Kammer nicht wirklich allein war. Da waren immer wieder Stimmen, meist weit entfernt, wie ein zu leise eingestelltes Radio, das ich nicht habe verstehen können. Wenn sie jedoch näherkamen, dann konnte ich oft Wörter oder ganze Sätze heraushören, und mitunter habe ich gewusst oder doch zumindest geahnt, wer sie ausgesprochen hat.

Auf diese Weise bist auch du zu mir zurückgekehrt, Tschenski, als eine Stimme in der grauen Kammer.

Nach all den Jahren habe ich dich augenblicklich erkannt. Du hast gesagt, dass du auf mich wartest, und das habe ich natürlich sofort begriffen, denn das hast du damals im Winter 29 in der Wédomstwo-Schule jeden Morgen vor dem Unterricht zu mir gesagt. Und du hast es ja getan! Du hast Tag für Tag vor dem Tor wie ein Hund auf mich gewartet, obwohl ich es nicht wollte, hast mich dann begleitet, den Fluss entlang, in der Dämmerung, wenn die blauen Schatten auf dem Schnee lagen.

Die anderen aus der Klasse haben mich ausgelacht deshalb,

sie haben gesagt, Iwan und der Idiot sind ein Paar. Wann habt ihr geheiratet? Lutscht er dir den Schwanz, Iwan? haben sie uns nachgerufen. Ich habe dich dafür gehasst, Tschenski! Jeden Tag! Jeden Tag habe ich dich neu dafür gehasst! Und du, du hast mit deinem ewig trotteligen Lächeln, mit deinem verwirrten Gesicht dazu sogar noch genickt, während sie uns hinterher schrien. Du hast gelächelt und genickt, weil du glücklich gewesen bist.

Aber das habe ich lange nicht verstanden.

Es wäre besser gewesen, Tschenski, wenn sie dich damals ebenfalls in die Schule gelassen hätten, wenn sie nicht behauptet hätten, dass du zu blöd dafür bist und nur für die Schafe taugst. Dann hättest du nicht stundenlang in der Kälte auf mich warten müssen, mit deinem kaputten Griffelkasten und den alten vollgeschriebenen Heften in den weißgefrorenen Fingern. Dann wäre alles vielleicht ganz anders gekommen. Du wärest ein Schüler wie alle anderen gewesen, sie hätten sich bestimmt an dich gewöhnt, und vielleicht wäre niemand auf den Gedanken gekommen, uns etwas nachzurufen, wozu du auf diese Art lächeln musstest.

Aber wie hätte ich damals wissen sollen, dass du trotz all dem in diesem Winter glücklich gewesen bist?

17

Er nimmt ein Foto von der Wand, schaut es lange an, legt es dann zu den anderen in den Karton, nimmt es aber nach kurzem Zögern wieder heraus, um es in die Jackentasche zu stecken.

Als ich nach dem Todesurteil in der grauen Kammer Mutters Stimme gehört habe, hat sie ebenfalls vom Glück gesprochen, aber bei ihr klang dieses Wort eher wie eine Drohung.

Was liegst du hier fett auf der Decke herum und jammerst, hat sie mit ihrer schrillen Stimme gefragt. Geh und tu was. Wer so viel Glück gehabt hat wie du, der sollte sich nicht beklagen.

Stell dir vor, Tschenski, das hat sie tatsächlich gesagt! Glück! So viel Glück!

Wovon redest du da, Mutter? habe ich sie gefragt. Weißt du nicht, dass man deinen Sohn zum Tode verurteilt hat? Wann habe ich jemals Glück gehabt?

Da ist sie wütend geworden. Wie viele sind verhungert? hat sie mich angeschrien. Aber du lebst!

Oder die Rachitis. Schau dir mal die Nachbarkinder an. Sie sind so verkrüppelt, dass sie kaum allein stehen können. Den Micha fahren sie immer noch im Kinderwagen, obwohl er schon sechs ist. Du aber läufst wie ein Hase! Und erinnerst du dich etwa nicht mehr an den kleinen Boris? Ihr habt doch so dicht nebeneinander gesessen, dass sich eure Schultern berührt haben, als der verfaulte Deckenbalken herabgefallen ist, aber du lebst und Boris ist in einem alten Mehlsack beerdigt worden. Willst du vor der Madonna undankbar sein und behaupten, dass das kein Glück gewesen ist?!

Steh endlich auf, hat sie gesagt, tu etwas, denn wenn du nichts tust, dann hast du alles verdient, was mit dir geschieht.

Nun ja, sie hat damit zumindest verhindert, dass ich mich nach dem Todesurteil ganz in der grauen Kammer verloren habe. Aber ich weiß trotzdem, dass Mutter zu denen gehört, die mich zeit meines Lebens betrogen haben, Tschenski.

Sie hat immer gesagt, egal wie dreckig es einem geht, Hauptsache man lebt. Aber das ist eine Lüge.

Das kleinere Unglück ist zwar kleiner als das große, aber es wird dadurch doch niemals zum Glück!

Sie hat mich darüber belogen, um mich loszuwerden,

vielleicht um selbst nicht über die Ungerechtigkeit nachdenken zu müssen. Sei froh, dass es nicht schlimmer ist, hat sie immer gesagt, und jetzt sei still.

18

Obwohl ich im Gegensatz zu dir sogar in die Schule durfte, kann ich nur wenig über meine Erziehung sagen, Tschenski. Wenn man mir mit Worten mitgeteilt hätte, was ich denken und tun sollte, dann könnte ich jetzt wohl auch selbst darüber sprechen. Auch über das Schlimmste. Aber es war eine sprachlose Erziehung durch die unmittelbaren Lebensumstände, die die Menschen zu Krüppeln macht, zu stummen Krüppeln.

19

Es gab ja immer nur Gesetze, Gesetze und Befehle, Tschenski, das weißt du doch. Bei deinen Schafen damals, da bist du selbst das Gesetz gewesen.

Auch du durftest einmal das Gesetz sein.

Wenn eines der Tiere aus der Reihe getanzt ist, dann hast du nach deinen Hunden gepfiffen. Und im Sommer, wenn dir und den anderen Hütejungen die Zeit zu lang wurde, erinnerst du dich, dann habt ihr sogar eure Hunde aufeinandergehetzt, um zuzusehen, wie sie sich gebissen haben. Dabei hast du dir nie etwas gedacht. So ist es eben gewesen, und die Hunde haben es getan. Sie haben sich gebissen, weil du es befohlen hast.

Hunde sind so, Tschenski, das weißt du doch.

Kannst du dir einen ungehorsamen Hund vorstellen? Das kannst du nicht. Wenn es auf dem Hof jemals einen ungehorsamen Hund gegeben hätte, dann hätte der Bauer ihn totgeschlagen.

Und selbst heute, die feinen alten Damen, die mit ihren Hunden vor dem Fernseher sitzen und sie mit Likörbonbons füttern, können sich das nicht vorstellen; sie würden schnell das Tierheim anrufen, wenn ihre Lieblinge ungehorsam wären.

Aber ist dir aufgefallen, dass wir selbst ganz genau wie die Hunde gelebt haben? Wenn jemand kommt und uns den Befehl gibt, dann machen wir es wie sie.

Menschen sind so, Tschenski, das weiß ich.

Auch wenn sie es immer wieder vergessen und abstreiten, es gibt keinen, der nicht irgendwann der Hund des anderen ist.

Du warst zuerst der Hund des Vaters und deines älteren Bruders, später dann des Bauern, dem du das ganze Jahr über die stinkenden Schafe versorgt hast; für eine alte Hose und im Winter die Schuhe mit den Pappsohlen dran als Lohn. Niemandem von ihnen warst du ungehorsam. Sie waren ja dein Gesetz, Tschenski, dein Gesetz!

Hast du jemals daran gedacht, dass Gesetze und Befehle falsch sein können?

Natürlich nicht, denn um so zu denken, dürfte man nicht als Hund leben; man müsste ein eigenes moralisches Empfinden besitzen und so stark sein, es gegen die anderen durchzusetzen. Gegen die eigene Familie zuerst und dann auch gegen die Lehrer, gegen die Offiziere in der Armee, die Kirche vor allem, die Vorarbeiter in der Fabrik, gegen den Staat und all die anderen, die wie die Blutsauger von den Gesetzen, den

Anordnungen, den Regeln und den Befehlen leben!

Nach dem Krieg, Tschenski, bei den Nürnberger Kriegsverbrecherprozessen, wurde das zum ersten Mal von den Menschen verlangt. Stell dir das mal vor!

Vorher hat es sowas nicht gegeben, nicht in tausend Jahren.

Mein Anwalt hat es mir erzählt. In Nürnberg wurde erstmals in der Menschheitsgeschichte von einem Gericht ausgesprochen, dass der Mensch kein Hund sein darf! Dass der blinde Gehorsam falsch und der Ungehorsam gegenüber einem Gesetz oder einem Befehl richtig sein kann. Überleg mal, was für eine ungeheure Chance das für Menschen wäre, die keine Hunde mehr sein wollen!

Wir könnten endlich alle frei sein!

20

Aber so weit wird es vielleicht niemals kommen, Tschenski. Dazu braucht es nämlich auch wieder Gesetze, die das zulassen, und die gab es damals noch nicht.

Solche Gesetze hat sich bis dahin überhaupt niemand vorstellen können, die Kirchenfürsten in ihren bunten Gewändern nicht und die Offiziere in der Armee schon gar nicht.

Überleg mal, ein Soldat, der NEIN sagt!

Das ist der Fehler in Nürnberg gewesen. Ganz plötzlich haben sie etwas verlangt, was sie vorher immer verboten haben.

Und selbst wenn, selbst wenn es diese Gesetze einmal überall geben sollte, dann verlangt der Ungehorsam immer noch eine Menge Mut, Tschenski.

Wir sind ja nicht daran gewöhnt!

Mir hat dieser Mut stets gefehlt.

Weißt du, es ist nur ein Zufall, dass ich dieser Iwan aus Treblinka, den sie den Schrecklichen nennen, nicht gewesen bin. Sie haben sich geirrt, mich verwechselt, gut. Ich bin niemals in Treblinka gewesen, aber ich hätte es trotzdem ebenso gut sein können.

Und vermutlich wäre es mir dort genauso ergangen wie auf dem Eis hinter der Schule.

Was glaubst du, Tschenski, ist passiert, als sie dich über das Eis getrieben haben?

Da haben die Zwillinge und ich für den dicken Fedja die Hunde gespielt.

Ja, auch ich!

Zuerst habe ich nur feige dabeigestanden und zugesehen, aber als Fedja es verlangt hat, da habe ich mitgemacht.

So ist es geschehen!

Die Zwillinge wären bereit gewesen, sich gegenseitig blutig zu prügeln, wenn sie dafür auch nur Fedjas Bücher hätten tragen dürfen. Und ich, ich wollte zu ihnen gehören, Tschenski, verstehst du das?

Ich wollte nicht zu dir gehören. Von den anderen wollte ich anerkannt sein. Deshalb habe ich mitgemacht, als die drei damit begonnen haben, deine Sachen in der einbrechenden Dunkelheit aufs Eis zu werfen. Du bist sofort hintergestolpert, und wir stießen deine Hefte und den leeren Griffelkasten, um die du das rote Tuch gebunden hattest, abwechselnd immer weiter mit einem neuen und festeren Fußtritt auf das Eis hinaus, bis du, Tschenski, dort, wo das Eis Risse hatte und schon ganz schwarz war vom durchscheinenden Wasser, einbrachst und zusammen mit den Heften versankst.

21

Steht auf, schließt den Karton mit seinen Sachen und trägt ihn zur Zellentür.

So, jetzt weißt du es.

Anders ist es nicht gewesen.

Es hat sieben Tage gedauert, bis sie im Dorf überhaupt gemerkt haben, dass du nicht mehr da warst. Aber ich glaube, sie haben nicht mal nach dir gesucht.

Sie haben andere Sorgen gehabt, du warst ihnen wohl einfach egal, und sie haben dich schnell vergessen. Einigen wenigen bist du wie ein Naturereignis in Erinnerung geblieben, und sie haben, wenn sie vom Winter 1929 redeten, gesagt, das war in dem Winter, in dem der Idiot verschwunden ist, so wie man sagt, das war in dem Jahr, in dem der Blitz in die Scheune eingeschlagen hat.

Nur mir hat seit diesem Tag etwas gefehlt, Tschenski.

Irgendwie musst du auch in mir gewesen sein, ohne dass ich es gewusst habe, denn dort, wo du gewesen bist, da war plötzlich ein Loch, das ich niemals füllen konnte.

Lange danach habe ich es endlich begriffen.

Vor der Zellentür werden Geräusche laut. John D. stellt sich nervös neben seinem Karton auf. Er blickt auf die verschlossene Tür, dann noch einmal zurück zu dem leeren Stuhl.

Jetzt kommen sie.

Warte auf mich, Tschenski.

Das ist das einzige, worum ich dich bitte.

ENDE

Nachwort

Freispruch: Mein Ausgangspunkt

Etwas mehr als fünf Jahre, nachdem John Demjanjuk in einem Wiederaufnahme-Prozess 1993, von der Anklage Iwan der Schreckliche aus dem KZ-Treblinka zu sein, freigesprochen worden war, schrieb ich das Stück „Eistage"[1].

Die Fakten um den Freispruch sahen kurz zusammengefasst so aus: Das Jerusalemer Gericht hatte festgestellt, dass es sich bei John Demjanjuk nicht um Iwan den Schrecklichen aus Treblinka handeln konnte. Es hatte sich herausgestellt, dass er zu Recht seine Identität mit diesem Täter immer bestritten hatte. Seine Verteidigung hatte aufgedeckt, dass es sich bei seinem angeblichen Dienstausweis, der ihn als Aufseher in Treblinka zeigen sollte, um eine Fälschung des sowjetischen Geheimdienstes KGB handelte, und dass sich hinter dem in Frage stehenden Aufseher in Wahrheit der inzwischen tote Iwan Iwanowitsch Martschenko verbarg, der vermutlich bereits bei einem Häftlingsaufstand im Jahre 1943 umgekommen war. Zudem wurde aufgedeckt, dass das dem Justizministerium der Vereinigten Staaten unterstellte Office of Special Investigations (OSI) bereits vor dem Ausbürgerungsverfahren gegen Demjanjuk Unterlagen zurückgehalten hatte, die darauf hindeuteten, dass es sich bei Iwan dem Schrecklichen nicht um John Demjanjuk, sondern um Iwan Martschenko handelte. Und, um das Maß voll zu machen, hatte sich herausgestellt, dass ein Hauptbelastungszeuge, der ausgesagt hatte, Iwan den Schrecklichen in John Demjanjuk mit absoluter Sicherheit wiedererkannt zu haben, gelogen haben musste. Es existierte nämlich von eben diesem Zeugen eine schriftliche Aussage,

---

1) Mein ursprünglicher Titel lautete „Die Bilder des John D.", für die Druckfassung gehe ich nun auf diesen Titel zurück. Und statt der nichtssagenden Bezeichnung „Stück", auf der der Theaterstückverlag, München, ebenso bestand wie auf den Titel, bezeichne ich es als „Lesedrama". Das geht auf die antike römische Tradition zurück. Mein erster Lieblingsphilosoph Seneca schrieb Tragödien, die wurden aber in Rom nicht gespielt, da das Theater ausschließlich der Unterhaltung diente und man nur Komödien aufführte. So konnte man Senecas Tragödien lediglich lesen. Daran möchte ich mit der Buchfassung von „Die Bilder des John D." anknüpfen.

in der er behauptete, genau diesen Iwan den Schrecklichen nach der Befreiung von Treblinka selbst, eigenhändig, mit einer Schaufel erschlagen zu haben. Damit brach die Anklage zusammen, und der im ersten Prozess 1988 zum Tode verurteilte John Demjanjuk wurde in seinem Berufungsprozess wegen begründeter Zweifel einstimmig freigesprochen.

Das war die Ausgangssituation, als ich mich mit diesem Stoff zu befassen begann. Und natürlich die gar nicht überraschende Tatsache, dass sich an dem Bild Demjanjuks in der Öffentlichkeit trotz der seit seinem Freispruch vergangenen Jahre gar nichts geändert hatte. Er blieb für die Medien das Ungeheuer, zu dem sie ihn jahrelang selbst gemacht hatten, er blieb trotz seines eindeutigen Freispruchs in den Augen aller ein Teufel. „Der Teufel wohnt nebenan" titelt auch heute noch eine Netflix-Serie über seine Prozesse. Vermutlich hätte er seinen Nachrichtenwert sofort vollständig verloren, hätte man aufgehört, ihn als das abscheuliche Monster darzustellen, das man von der ersten Minute an aus ihm gemacht hatte.

Dem Menschen dahinter, dem das geschehen war, wollte ich mich, wenn das überhaupt noch möglich war, zu nähern versuchen. Und diesen Menschen musste es geben, dessen war ich mir sicher. Für einen Teufel hätte ich mich nicht fünf Minuten lang interessiert. Ebenso wenig allerdings für einen einfach nur guten Menschen, der er in meinen Augen unmöglich sein konnte.

Wie man benutzt wird

Heute weiß ich, dass ich trotzdem weit davon entfernt war, mich zum Anwalt der historischen Person Demjanjuk zu machen.

Der John D. in meinem Stück sagt an einer Stelle, er sei nur benutzt worden, von den Geheimdiensten, den Strafverfolgungsbehörden, den Zeugen, der Presse, von allen, ohne dass er selbst wahrgenommen worden sei: „... *denn in Wahrheit hat man mich bloß benutzt, so wie man mich schon zuvor immer wieder nur benutzt hatte, für Zwecke und Ziele benutzt hatte, denen ich ganz und gar gleichgültig gewesen bin. Und diese Gleichgültigkeit meiner wahren Person gegenüber, mit der man mich benutzt und sich die Welt ein Bild von mir gemacht hat, ist es gewesen, die mein Leben in den letzten Jahren vernichtet hat, so wie es zuvor schon wiederholt vernichtet worden war.*"

Ich, sein Autor, muss gestehen, dass seine Anklage auch auf mich zutrifft. Als ich das Stück zu schreiben begann, 1998/99, etwa fünf Jahre nach seinem zweiten Prozess und dem Freispruch in Jerusalem, war es mir in der Tat nicht um den dort Angeklagten John Demjanjuk, den alle mit erstaunlicher Selbstverständlichkeit für Iwan den Schrecklichen, Wachmann in KZ Treblinka, hielten, zu tun, zumindest nicht in erster Linie. Ich war von meiner Zielsetzung her weit davon entfernt, mich für sein persönliches Schicksal zu interessieren oder gar zu engagieren. Vielmehr war es mir im Kern um eine These zu tun, die man vermutlich am treffendsten mit Hannah Arendts Diktum „Niemand hat das Recht zu gehorchen!" umschreiben könnte. Mit diesem Satz, der auch heute noch so vielen Menschen paradox und sogar unverständlich klingt, hat man doch die gesamte Menschheitsgeschichte hindurch die Pflicht zu gehorchen den Gehirnwindungen und Körpern der Untertanen eingeprägt und den wenigen, die dagegen aufbegehrten, das Recht nicht zu gehorchen verweigert. Erst die Nürnberger Prozesse ab November 1945 haben diese Rechtsauffassung geändert und damit auch denen, die sich für ihre Taten nicht verantworten zu müssen glaubten, da sie doch „nur auf Befehl" gehandelt hatten, die Grundlage der Rechtfertigung entzogen, indem sie auf ihre Eigenverantwortung zurückverpflichtet wurden; auf eine Verantwortung, das war mir wichtig, durch die der Mensch recht eigentlich erst ein vollständiger, selbstbestimmter Mensch wird.

John D., der nicht mit dem historischen John Demjanjuk identisch ist, erkennt in meinem Stück in dieser Selbstverantwortung die mögliche Grundlage seiner Freiheit. Dieser Akt der Entscheidung und der persönlichen Übernahme der Verantwortung für das eigene Handeln, war für mich unterm Schreiben so etwas wie das utopische Ziel des Theaterstückes. Ich sah, gewissermaßen durch die von mir selbst konstruierte und geschliffene Linse namens John D., eine Menschheit von selbständigen Individuen vor mir, die keine Untertanen mehr sind und die jederzeit Verantwortung für ihr Handeln übernehmen.

Die erstaunliche Haltbarkeit von Utopien

Natürlich war das nicht tragfähig. Und es konnte auch den Handlungszwängen realer Lebensverhältnisse nicht standhalten. Man kann das Thema der Verantwortlichkeit und des Wandels der Rechtsprechung auch im Sinne der Hegelschen Philosophie beschreiben: Robert B. Brandom betrachtet die Entwicklung der Phänomenologie des Geistes, die Hegel in seinem berühmten Werk darstellt, als den Prozess des Wandels der Normativität und der Bedeutung und Aktualität, die die Normativität zu einem historischen Zeitpunkt besitzt. Dass sich das nach Nürnberg allgemein durchsetzt, war halt meine private Utopie der menschlichen Bewusstseinsentwicklung, an der ich allerdings nach wie vor festhalte, obwohl ich ihr Scheitern in unserer Gegenwart immer wieder einsehen musste.

In meinen Angeboten des Stücks an die deutschsprachigen Theater beschrieb ich den Zusammenhang, den ich meinte, folgendermaßen:

„Der Konflikt des John D. kreist während der Stunden seiner Freilassung um die Frage nach der eigenen Identität und Personalität, um sein Handeln und Unterlassen. Das Stück stellt John D. vor die Frage: Wer bin ich als Ich, wer bin ich als Anderer? Wer bin ich als Täter und als Erleidender? Es ist eine Frage, die John D. nicht zu beantworten weiß, denn er hat ein Leben in einer ‚grauen Kammer' geführt, aus der er auch durch die Entlassung in die Freiheit nicht heraus zu treten vermag. Ein Leben, das weder das Bekenntnis zu einem Ja kennt, noch je den Widerstand zu einem Nein gewagt hat. Ein Leben ohne Selbstverantwortlichkeit, verschwommen und ohne Grund.

In dieser Selbstverantwortlichkeit, die auch in den Verhältnissen von Befehl und Gehorsam nicht außer Kraft gesetzt wird, erahnt John D. am Ende eine Möglichkeit für ein menschliches Leben. *Mein Anwalt hat mir erzählt: In Nürnberg wurde erstmals in der Menschheitsgeschichte von einem Gericht ausgesprochen, dass der Mensch kein Hund sein darf! Dass der blinde Gehorsam falsch und der Ungehorsam gegenüber einem Gesetz oder einem Befehl richtig sein kann. Überleg mal, was für eine ungeheure Chance das für Menschen wäre, die keine Hunde mehr sein wollen.*

Doch diese Utopie kann er für sich nicht verwirklichen, denn auch für die Möglichkeit der Selbstverantwortung bedarf es für ihn der Genehmigung durch ein Gesetz. Dass er diese Freiheit nur durch einen Akt der Selbstermächtigung gewinnen könnte, bleibt ihm fremd. So ist der Augenblick der Entlassung nach dem Freispruch für ihn kein Weg in die Freiheit."

Dass ich diese Utopie so relativ ungebrochen formulierte, erstaunt mich heute und zeigt mir, dass ich während des Schreibens noch mit recht naiver Zuversicht in die Zukunft schaute. Dabei hatte ich doch schon so viel erlebt, das mir Anlass hätte geben können, das Gegenteil zu fürchten. Den Untergang der Sowjetunion und seines Satelliten DDR mit dem Fall der Mauer 1989 etwa, der auch mit einer Neubewertung der geschichtlichen Rolle Stalins einherging. Dieser historische Prozess, der mit der Unabhängigkeit der fünfzehn sowjetischen Teilrepubliken und dem Verbot der bisher allein regierenden KPdSU im Dezember 1991 endete und so vielen meiner linken Freunde aus SHB, KPD, Spartakus und DKP die Lebensgeschichte und -orientierung zerbrach, so sehr, dass viele, wie ich damals ironisch schrieb, sich am liebsten an ihren Gummibäumen aufgehängt hätten. Es gab gar Einzelne, denen der ideologische Halt so vollständig abhanden kam, dass sie zum Islam konvertierten. Von freien, selbstständig denkenden Individuen, die in eigener Verantwortung die Konsequenzen ihres Handelns trugen, war da keine Spur vorhanden, und das ehemals als links, kritisch, gewerkschaftlich und fortschrittlich etikettierte Denken war einem Sumpf aus Entschuldigungen, Lügen, Neuinterpretationen und Zurückweisungen gewichen, die zum Teil, wo sie nicht im Schweigen endeten, bis heute anhalten.

Und überhaupt der Islamismus, auch das hätte ich damals schon erkennen können, denn 1989, das Jahr des Mauerfalls, das ich in Rom verbrachte, war das Jahr mit der Todesdrohung der Fatwa, die der iranische Ajatollah Chomeini gegen den Schriftsteller Salman Rushdie verkündete, da er sich mit seinem Roman „Die satanischen Verse" der angeblichen Gotteslästerung schuldig gemacht habe. Und natürlich versuchten noch im selben Jahr eifrige Gläubige diesem Mordbefehl zu folgen. Was könnte gotteslästerlicher sein, als ein freier, selbstständig denkender Mensch?

Aber ich hätte, als ich „Die Bilder des John D." schrieb, auch ein anderes gravierendes Hindernis, das meinem utopischen Menschenbild im Wege stand, bereits kennen können. Denn ich war im Frühjahr 1994 erstmals nach Russland gereist, in das Russland nach Michail Gorbatschows Perestroika, dem gescheiterten Augustputsch von 1991 und der Regierungszeit von Boris Jelzin, wo ich in Moskau und der sibirischen Stadt Omsk mit dem nackten Elend konfrontiert wurde. In Omsk am Irtysch, einer bis kurz vor meinem Besuch noch verbotenen Stadt, in der Fjodor Dostojewski als Kettensträfling vier Jahre hindurch Zwangsarbeit leisten musste, gilbte auf nackten Hauswänden das abblätternde Konterfei des Kosmonauten Juri Gagarin, des Helden der Sowjetunion, der 1961 eine Stunde und achtundvierzig Minuten im Weltraum gewesen war, während auf der Straße, auf die er hinablächelte, die wenigen Fahrzeuge metertiefen Schlaglöchern auszuweichen versuchten. Leere Geschäfte und bettelnde, halb verhungerte Mütterchen, die kleine, zerdrückte Bündel mit Maiglöckchen für einige Kopeken feilboten, mitunter auch ein halbes bereits grau gewordenes Würstchen. In Omsk streckten sie ihre Hände vor allem vor den Geschäften, auf Brücken und vor Kirchen aus. In Moskau auch in den Ein- und Ausgängen der Metro und vor den ersten McDonald's Filialen, die es damals bereits gab. Ich habe niemals so viele Bettler wie in Russland gesehen, nicht einmal in Südamerika, wo die Obdachlosen nackt auf der Straße leben. In Moskau hatte ich eines Nachts unterm Puschkin-Denkmal einen Nervenzusammenbruch, weil ich auf keinen Fall noch einmal in der Wohnung übernachten wollte, in der daumengroße Kakerlaken in Scharen über die Wände liefen und sich von der Zimmerdecke auf die Bewohner fallen ließen. Es waren Eindrücke, die selbst im völlig heruntergewirtschafteten Havanna, das dem Zusammenbruch nahe war, als ich es noch unter der Herrschaft Fidel Castros besuchte, nicht übertroffen wurden. Und trotzdem - und trotzdem kam ich nicht darauf, dass mein utopisches Bild des freien, selbstverantwortlichen Menschen, das ich im Kopf meiner Figur John D. erwachen ließ, zur Farce werden musste, für Menschen, die unter solchen Bedingungen zu existieren gezwungen sind.

Vermutlich kam ich deshalb nicht darauf, weil ich zuerst hätte begreifen müssen, dass es gerade derartige Utopien und der politische Anspruch, sie auf dem Weg zum „Neuen Menschen" zu verwirklichen, waren, die im 20. Jahrhundert so vielen Millionen den massenhaften Tod gebracht hatten.

Die Realität setzte sich trotzdem durch

Seit dem Beginn der kognitiven Revolution vor etwa 70 000 Jahren ist die Geschichte des Homo Sapiens natürlich auch eine Geschichte zahlloser Opfer. Doch sind kaum jemals so viele Opfer in so unerhört kurzer Zeit zu beklagen gewesen, wie im 20. Jahrhundert, als die politischen Utopien ihre Hochkonjunktur in der Realität erlebten. Und alle wähnten sich fortschrittlich, überlegen, notwendig für die Entwicklung der Menschheit oder gar wissenschaftlich, wie der Marxismus. Da muss ich auch das Utopie-Modell meines selbstbestimmten Menschen, der eigenverantwortlich entscheidet, einreihen.

Ich war mit meinen Vorstellungen schlicht ein spätes Kind des utopistischen 20. Jahrhunderts. Doch hätte ich tatsächlich so geschrieben, wie mein ideologisches Freiheitskonstrukt es verlangte, „Die Bilder des John D." wären wohl ein ganz schauerliches Stück Gutmenschen-Propaganda geworden.

Ich kann von Glück sagen, dass man als Autor, der sein Handwerk ernstnimmt, in dieser Weise gar nicht zu schreiben vermag; man würde dann nicht über reale Menschen schreiben, sondern lediglich Schablonen mit seiner Wunschfarbe anstreichen.

Ein solches Scheitern ist mir erspart geblieben, weil sich bei meiner Arbeit an der Figur John D. nicht mein eigenes ideologisches Traumbild, sondern ein wirklicher Mensch zu Wort meldete. Ein Mensch mit einem zerstörten Leben beanspruchte meine Aufmerksamkeit, wollte erzählen, was ihm geschehen war, und ich musste ihn sprechen lassen.

Der Grund dafür war eigentlich ganz einfach, denn er ergab sich aus meinen Recherchen zum Hintergrund der Figur John D. Ich wollte wissen, ja musste wissen, wer er war, wer er gewesen sein könnte, wie er geworden sein könnte, was er war, vorausgesetzt, man konnte es weit genug herausfinden, um überhaupt über ihn schreiben zu können. Das setzte allerdings zuallererst voraus, dass ich nicht mit vorgefassten Meinungen an die Figur heranging, nicht schon im Voraus alles zu wissen glaubte, und schon gar nicht, dass ich die Schauergeschichten über den fürchterlichen „Iwan den Schrecklichen" der John Demjanjuk angeblich sein sollte, was er immer bestritt, und mit dem er, wie sich später herausstellte, auch tatsächlich nicht identisch war, zum Ausgangspunkt meines Stückes machte.

Wer also war John D.? Und nun stellte sich heraus, dass eine entsprechende Hintergrundrecherche so einfach eben doch nicht war. Die historische Aufarbeitung der Ereignisse im Osten Europas waren in den 1990er Jahren noch längst nicht so weit, dass ich mir leicht ein Bild über die Lebensumstände meines Protagonisten hätte machen können. Heute gibt es das Internet, und vor allem gibt es Bücher, die als Grundlagen herangezogen werden können, so etwa Orlando Figes große Untersuchung „Die Flüsterer"[2], über die Lebensumstände in der Sowjetunion unter Stalin. Oder die Studie „Bloodlands"[3], in der Timothy Snyder auf erschütternde Weise die Geschichte Europas im Zeitalter des Terrors zwischen Hitler und Stalin untersucht. Solch ein Buch hätte ich gebraucht, aber Figes erschien erst 2007 im englischen Original und Snyder 2010. Oder nehmen wir die Studien der Pulitzer Preisträgerin Anne Applebaum, die über den Gulag und das Leben hinter dem Eisernen Vorhang schrieb. Vor allem ihr Buch „Roter Hunger - Stalins Krieg gegen die Ukraine"[4] hätte ich gebraucht, um das Leben Demjanjuks zu recherchieren, aber ihre Bücher erschienen erst 2003, 2012 und, im Falle der Darstellung des von Stalin erzwungenen Hungertodes von mehr als dreieinhalb Millionen Ukrainern in den Jahren 1932 und 1933, in englischer Fassung 2017. Als sie dafür mit dem Duff Cooper Prize ausgezeichnet wurde, hieß es: „Sie zeigt Stalins Terrorregime gegen die Ukraine, die Umstände der Vernichtungspolitik - und verleiht den hungernden Ukrainern eine Stimme."

1998/99, als ich recherchierte und zögernd zu schreiben begann, hatten die Ukrainer solch eine Stimme noch gar nicht. Für die meisten Westeuropäer wäre es damals vermutlich schwierig gewesen, auf Anhieb zu sagen, wo dieses Land, von dem wir heute täglich in den Nachrichten erfahren, weil Putin

2) Orlando Figes, Die Flüsterer – Leben in Stalins Russland, Berlin Verlag, Berlin, 2008
3) Timothy Snyder, Bloodlands, Europa zwischen Hitler und Stalin, C.H.Beck, München, 2011
4) Anne Applebaum, Roter Hunger, Stalins Krieg gegen die Ukraine, Siedler Verlag, München, 2019

es mit einem maßlosen Krieg überzieht, überhaupt liegt. Aber auch die nur dünnen Bestände in den Bibliotheken konnten am Ende nicht verhindern, dass ich vom Schicksal der Ukrainer unter Stalins Terror erfuhr.

Im Ergebnis hatte ich bald, statt des von der Presse und Demjanjuks Anklägern so erdrückend konstruierten Bildes des eindeutig Bösen, des Satans von nebenan, des Teufels Demjanjuk, der aus eigenem Antrieb lachend gemordet und willkürlich gemetzelt haben sollte, ein Bauernkind vor mir, das zwei Hungersnöte überlebt hatte. Die erste bereits 1921, als der am 3. April 1920 geborene Iwan Demjanjuk kaum ein Jahr alt war, verursacht durch die von Lenin verfügten Zwangsablieferungen des Getreides an die Sowjetunion, die die Ukraine als ihre Kornkammer betrachtete, und den Bauern nicht mal einen Anteil für den Eigenbedarf ließ. Und dann, als er gerade ein Kind von zwölf Jahren war, begann der „Holodomor", der nach dem Scheitern der sowjetischen Kollektivierung durch Hungerbeschlüsse verfügte Massenmord durch Verhungern, dem vermutlich über 3,5 Millionen Ukrainer zu Opfer fielen. Andere Quellen sprechen gar von bis zu 14 Millionen.

Es gibt einen, wie ich finde, geradezu irrwitzigen Brief aus dieser Zeit, den Anne Applebaum in ihrer Untersuchung zitiert:

Werter Genosse Stalin[5]*,*
gibt es ein Gesetz der Sowjetregierung, das besagt, Dorfbewohner müssten hungern? Wir, die Kolchosarbeiter, haben nämlich seit dem 1. Januar auf unserem Hof kein Stück Brot mehr gehabt. ... Wie sollen wir eine sozialistische Volkswirtschaft aufbauen, wenn wir zum Hungertod verurteilt sind, weil die Ernte erst in vier Monaten kommt?

---

5) ZDAHOU 1/20/5254 (1932) S.1-16, in R.Ja.Pyrih (Hrsg.), Holodomor 1932-1933 rokiw w Ukraini: Dokumente i materialy, Kiew 2007, S.130

Wofür sind wir an den Fronten gestorben? Damit wir hungern und unseren Kindern beim Verhungern zusehen?

Und tatsächlich gab es so ein Gesetz, denn die Sowjets hatten entschieden, die Bauern zur Aufgabe ihres Landes zu zwingen und sie zur Arbeit in den Kolchosen zu verpflichten, woraus dann in der Folge die Hungersnot entstand. Es wurde mir klar, dass absolut niemand in einem solchen Land, unter solch einem politischen System, ein integres Leben hatte führen können. Es war absurd anzunehmen, dass jemand in derartigen Verhältnissen freie Entscheidungen über sein Tun und Lassen fällen konnte. Demjanjuk war vor allem eines, von allem Anfang an, er war ein Opfer. Er war einer, der gezwungen gewesen war, an einem höllischen Ort zu überleben. Und dann kam Nazi-Deutschland und überfiel das Land.

Das alles war für mich eine schlimme Erkenntnis, als ich mich mit dem Demjanjuk-Stoff beschäftigte. Nicht weniger schlimm war jedoch, dass das gar niemand wissen wollte, wenn ich davon erzählte, dass man mir kein Wort glaubte und, ich muss es gestehen, auch ich selbst nur zögernd bereit war, die notwendigen Schlussfolgerungen zu ziehen. Aber als ich sie widerstrebend zog, da konnte ich den Angeklagten nicht mehr so sehen, wie er allgemein dargestellt wurde. Es ging jedoch noch sehr viel weiter, denn es begann auch sogleich das ideologische Sperrfeuer von allen Seiten, selbst im eigenen Kopf. War ich etwa plötzlich ein Anti-Kommunist geworden, gar ein Faschist, der mit dem Hinweis auf die Gräueltaten der Kommunisten die deutsche Schuld, den Holocaust, zu relativieren trachtete? Die Singularität des Holocaust, gegen die zu argumentieren ich in keinem Moment auch nur beabsichtigt hatte, war im sogenannten Historiker-streit erst wenige Jahre zuvor endgültig festgeschrieben worden. Was wollte ich da mit dem Hinweis auf Millionen Tote, die von den Sowjets zu verantworten waren? War ich dumm? Konnte ich nicht einfach den Mund halten? Ja, ich war wohl so dumm. Mir wurde klar, dass man über solche Themen nur schrieb, wenn man seine Autorenkarriere eigenhändig und mutwillig zertrümmern wollte. Über so etwas schrieb man doch nicht, das mied man doch. Und wenn man es trotzdem tat, dann positionierte man sich, verdammt nochmal, gefälligst von vorn herein auf der richtigen Seite. Ja, das und anderes hat man mir gesagt.

Aber ich hielt trotzdem an meinem Stoff fest. Ich fühlte mich gar verpflichtet, darüber zu schreiben. Dies zum einen deshalb, weil Demjanjuk in Jerusalem freigesprochen worden war. Ich vertraute der israelischen Justiz so sehr, dass ich sicher war, der Freispruch wäre nie erfolgt, wenn auch nur eine Spur der Anschuldigungen hätte bewiesen werden können. Das Gegenteil war der Fall. Zum anderen zog ich mich von meinem Stoff nicht zurück, weil ich wohl ein längst überfällig gewordenes Bild von der Arbeit eines Schriftstellers besaß. Ich war immer davon ausgegangen, dass der Autor die Aufgabe hat, für die zu sprechen, die ohne eigene Stimme sind. Für diese Menschen hat der Schriftsteller die Stimme zu sein, statt irgendeinen heiteren Unfug für die Massenware auf den Grabbeltischen der Unterhaltungsindustrie zu liefern. Ich weiß, dass das gewissermaßen ein linker Romantizismus aus der Zeit ist, als Autoren vor den Militärdiktaturen Südamerikas flohen und in Europa Aufnahme fanden. Aber so war nun mal meine Haltung, als ich nach Demjanjuks Freispruch mein Stück schrieb.

Nun, das Stück liegt vor. Jeder kann es lesen und selbst beurteilen, ob ich damit gescheitert bin oder nicht. Allerdings liegt es schon seit Jahren vor, und ich schreibe erst jetzt dieses

Nachwort zur Entstehung des Stücks. Dies deshalb, weil das Stück erst jetzt in einer allgemein zugänglichen Buchausgabe publiziert wird. Bisher lag es über die Jahre gewissermaßen unsichtbar in den Archiven des Theaterstückverlages, denn Theaterverlage vertreten Stücke in der Regel nur als vervielfältigte Lese- bzw. Probentexte vor den Theatern. Da jetzt die Publikation als eigenständige Buchveröffentlichung vorgesehen ist, so kann ich dem Stücktext zumindest den Eingang in die Reihe meiner sonstigen Bücher gewähren. Einige Erläuterungen zum Stück erschienen mir nach den Jahren jedoch notwendig.

Deutschland und der 3. Prozess

Hier hätte mein Nachwort, wäre es bereits zur Zeit der Niederschrift des Stückes verfasst worden, enden können. Allerdings hatte Demjanjuks Geschichte nach seinem Freispruch noch eine derart lange Fortsetzung, dass er bis zu seinem Tod keine Ruhe mehr finden sollte[6]. Es war dies eine Fortsetzung, die an sich, zumindest inhaltlich, für mein Stück unerheblich ist, da es nach dem einstimmigen Freispruch durch den Obersten Gerichtshof Israels spielt und endet. Der Vollständigkeit halber gehört diese Fortsetzung aber in dieses Nachwort.

Nach siebenjähriger Haft kam Demjanjuk 1993 zurück zu seiner Familie in die USA. Er musste neuerlich fünf Jahre warten, bis er 1998 seine US-Staatsbürgerschaft zurück erhielt, die man ihm niemals hätte aberkennen dürfen, wenn das Office of Special Investigations seine Erkenntnisse über Iwan Martschenko 1983 nicht zurückgehalten hätte.

Demjanjuk war nun 78 Jahre alt, freigesprochen und wieder US-Bürger, doch wurde weiter vielfach gegen ihn ermittelt.

---

6) Den Fortgang der Ereignisse und vor allem den 3. Prozess habe ich nach der Veröffentlichung meines Stückes nicht mehr zeitnah verfolgen können und übernehme deshalb hier wesentliche Daten aus der Presse, sowie zusammenfassend aus Wikipedia.

Man konnte zeitweilig den Eindruck bekommen, er sei eine Art willkommener Schlüssel, den man überall dort als ins Schloss passend ausprobierte, wo noch nicht identifizierte Täter gesucht wurden. So ermittelte Italien gegen ihn aufgrund des Verdachts, er könne ein Mitglied der Einheit von Odilo Globocnik gewesen sein, der, nach Triest versetzt, im Konzentrationslager Risiera di San Saba Verbrechen begangen hatte. Diese Ermittlungen mussten aus Mangel an Beweisen eingestellt werden. Auch Polen ermittelte gegen ihn. In diesem Fall wegen Tötungen polnischer Staatsangehöriger in sogar mehreren Lagern, „in den Vernichtungslagern des General-gouvernements insbesondere in Treblinka", wie es hieß, obwohl Israel doch festgestellt hatte, dass seine Anwesenheit in Treblinka nicht zu beweisen war. Auch dieses Verfahren gegen Demjanjuk wurde wegen Mangels an Beweisen eingestellt.

Zusätzlich hatten die USA 2001 einen weiteren Prozess gegen Demjanjuk begonnen, in dem ihm vorgeworfen wurde, gleich „in verschiedenen Konzentrationslagern" als Wächter gedient zu haben. Infolgedessen wurde ihm 2004 erneut die US-Staatsbürgerschaft aberkannt, und man ordnete 2005 seine Abschiebung in die Ukraine an, wogegen sich Demjanjuk wehrte. Dieses Verfahren zog sich hin, bis im Frühjahr 2009 die US-Einwanderungsbehörde diesen Versuch aufgab und Kontakt mit der Deutschen Regierung aufnahm. Und tatsächlich wurde er in der Folge in Deutschland angeklagt, Wachmann im KZ Sobibor gewesen zu sein. Es lag als Beweis dafür erneut ein Dienstausweis vor. In der Beurteilung des Sachverständigen hieß es, dass Demjanjuks Ausweis im Vergleich zu drei anderen Ausweisen „als authentisch" zu bewerten sei. Es könne jedoch nicht ausgeschlossen werden, dass alle vier Ausweise gefälscht seien. Auch jüdische Überlebende aus Sobibor traten als

Zeugen auf, an Demjanjuk als Wachmann konnten sie sich jedoch nicht erinnern.

Trotzdem wurde Demjanjuk am 12. Mai 2011 wegen Beihilfe zum Mord an 28.060 Menschen zu fünf Jahren Gesamtfreiheitsstrafe verurteilt. Das Gericht sah es als erwiesen an, dass er sich als Kriegsgefangener zu einem von etwa 5000 fremdvölkischen Hilfswilligen der SS habe ausbilden lassen und dann von Ende März bis Mitte September 1943 als Wachmann im Vernichtungslager Sobibor gedient habe. Auch wenn ihm keine konkrete Tötungshandlung persönlich zugeschrieben werden könne, hieß es im Urteilstext, sei Demjanjuk dort „Teil der Vernichtungsmaschinerie" gewesen. Die Anzahl der Opfer berechne sich auf Basis der Transportlisten der Deportationszüge in der Zeit, in der Demjanjuk in Sobibor gedient haben sollte. Demjanjuk hätte sich nicht an diesen offensichtlichen Verbrechen beteiligen dürfen, sondern sich bemühen müssen, zu fliehen. Das damit verbundene Risiko hätte er in Kauf nehmen müssen, formulierte das Gericht.

Dieser Prozess war vielfältiger Kritik ausgesetzt. So erklärte etwa der niederländische Professor für Strafrecht Christiaan F. Rüter, ein Experte für die Aufarbeitung von NS-Prozessen, ihm sei „völlig schleierhaft, wie irgend jemand, der die deutsche Rechtsprechung bis jetzt kennt, meinen kann, dass man … Demjanjuk bei dieser Beweislage verurteilen kann." Er bemängelte das Fehlen von Standardanalysen zu Dokumenten sowie schwere Untersuchungsfehler. Rüter bezeichnete den Prozess als einen Prozess gegen „den kleinsten der kleinen Fische" und war überzeugt: „Um Demjanjuk würde sich niemand kümmern, wäre an ihm nicht der Geruch hängengeblieben, er sei Iwan der Schreckliche – der er nachweislich nicht ist."

Mit der Verkündung des Urteils wurde zugleich der Haftbefehl aufgehoben und Demjanjuk aus der Haft entlassen. Nach zwei Jahren Untersuchungshaft sei ihre Fortdauer für den 91-jährigen nicht mehr verhältnismäßig. Fluchtgefahr bestehe nicht, da der Angeklagte staatenlos sei und Deutschland deshalb nicht verlassen könne. Demjanjuk lebte dann bis zu seinem Tod in einem Pflegeheim in Bad Feilnbach. Das Urteil wurde jedoch niemals rechtskräftig, da Demjanjuk 2012 verstarb, bevor über Revisionsanträge der Verteidigung und der Staatsanwaltschaft vom Bundesgerichtshof entschieden werden konnte.

Ich selbst habe Ivan Mykolajovyč Demjanjuk, wie er genau hieß, nie für unschuldig gehalten. Zwar war ich natürlich niemals damit befasst, Beweise für seine Schuld oder Unschuld in gerichtsverwertbarer Weise zu suchen, denn das war nicht meine Aufgabe. Aber meine Recherche seiner Lebenshintergründe, wie sie dann auch in den Text des Stückes „Die Bilder des John D." eingegangen sind, machte mir klar, dass jemand, der so hatte leben müssen wie er, unweigerlich in irgendeiner Weise hatte schuldig werden müssen. Was tun selbst gute Menschen, wenn sie an bösen Orten leben müssen? Sie tun unweigerlich böse Dinge. Eben das ist menschlich! Und Demjanjuk war gezwungen gewesen, in den Mördergruben der „Bloodlands" zu leben, unter der Herrschaft der vielleicht größten Massenmörder der menschlichen Geschichte, Hitler und Stalin, und ihrer Schergen. Und er hatte überlebt. Also musste er für mich schuldig sein. Zumindest so schuldig, wie Menschen es allemal sind oder zwangsläufig werden.

In meinen alten Arbeitsunterlagen zum Stück fand ich sogar eine kurze Dialogszene, die ich geschrieben hatte, um die erste Begegnung des John D. mit seiner späteren Frau zu schildern. Er bekennt sich darin von Anfang an zu seiner Schuld. Diese Szene habe ich während der weiteren Arbeit an dem Stoff ausgeschieden. Zum einen deshalb, weil ein solcher Dialog von der Form her nicht mehr in das Stück passte. Vor allem aber, weil die Szene einer Tatsachenbehauptung gleichgekommen wäre, die ich sachlich nicht hätte aufrechterhalten können. Dass sie am Ende, nach seinem eigenen Tod, vermutlich doch zutraf, spricht zwar für die Richtigkeit meines Gefühls, aber das ändert nichts. Die ausgeschiedene Dialogszene verläuft folgendermaßen:

Sie sah ihn an.
Er schwieg.
Sind Sie mir gefolgt? fragte sie endlich.
Er schüttelte den Kopf. Eher weiche ich den Menschen aus, sagte er.
Aber Sie haben ...
Ich weiß, sagte sie.
Jetzt schwiegen beide, bis Wera sagte: Ich traue den Menschen nicht. Erzählen Sie mir etwas über sich, damit ich Ihnen trauen kann.
Ihm war, als drehe sich die Welt um, als zöge er sich eigenhändig die Haut ab, um sein Inneres nach außen zu wenden, als er antwortete: Ich bin ein Mörder. Und während er noch erwartete, dass sie jetzt schreiend fortlaufen würde, da lachte sie und sagte: Gut, das kann ich glauben.
Warum? fragte er.
So lügt man nicht. So liefert man sich aus.
Sie sind eine kluge Frau.
Warum haben Sie es getan?
Manche würden behaupten, es war nicht nur einmal.
Also warum?
Es war notwendig.
Wofür notwendig?

Man will leben. Er zuckte mit den Schultern. Überleben. Und warum, das kann man immer erst hinterher fragen.

In der Schlussfassung des Stücks gesteht deshalb John D. gegenüber seinem Opfer Tschenski eine gewissermaßen stellvertretende Schuld ein, die sich aus seinen Lebenszusammenhängen in der Kinderzeit ergibt. Natürlich musste das fiktiv sein. Aber diese Lebenshintergründe sind während der Gerichtsverhandlungen, soweit mir bekannt wurde, niemals in wesentlicher Weise thematisiert worden, wie es bei jedem beliebigen Straftäter wohl unweigerlich der Fall gewesen wäre. Nun, meine Figur John D. ist, wie ich anfangs bereits schrieb, nicht identisch mit dem realen John Demjanjuk. Ich konnte mich dem Stoff nur fiktional nähern. „Die Bilder des John D." ist kein Doku-Drama.

Er hat überlebt und war deshalb zwangsläufig schuldig geworden, so wie gegenwärtig wohl mancher schuldig wird, der in dem von Russland angezettelten Krieg überleben will. Justiziabel ist dieses Überleben in meinen Augen aber nicht, und ich bin schon gar nicht der Meinung des deutschen Gerichts, Demjanjuk habe die Pflicht gehabt zu fliehen und das damit verbundene Risiko, was nach allem Ermessen nur der Tod sein konnte, in Kauf zu nehmen. Ich sehe vielmehr in diesem Teil der Urteilsbegründung eine geradezu abstoßende Arroganz am Werk. Die deutsche Justiz, die während der Nazizeit selbst so vielfach schuldig geworden ist und diese eigene Schuld niemals aufgearbeitet hat, sollte sich schämen, solche Zumutungen auch nur zu formulieren, geschweige denn auf diese Weise Urteile zu begründen. Die in meinen Augen aber wichtigste Schieflage der Rechtsprechung entsteht durch die groteske Tatsache, dass staatliche Gewaltherrschaft Menschen zwingt, unter Bedingungen des politischen, ökonomischen und rassistischen Terrors zu existieren, und das eben diese Menschen, so sie überleben, später nach individuellem Recht abgeurteilt werden, als seien sie in ihren Handlungen und Entscheidungen gänzlich frei gewesen. Handlungen und Entscheidungen wohlgemerkt, die es ohne die Lebensbedingungen unter der totalitären Herrschaft des Staates nie gegeben hätte. „Gewalt lässt uns vergessen, wer wir sind." schrieb Mary McCarthy. Aber das ist wohl eine Einsicht, zu der nur Schriftsteller fähig sind.

Aber auch das war noch nicht das Ende, denn ironischerweise wurde drei Jahre nach Demjanjuks Tod, im Jahre 2015, eine private Sammlung mit mehr als 300 Fotos aus dem Besitz des SS-Untersturmführers Johann Niemann entdeckt. Niemann dokumentierte in zwei Alben und weiteren Einzelfotos seine ganze Karriere in der SS, vom Konzentrationslager Esterwegen über die Verbrechen der sogenannten „Euthanasie" bis zur „Aktion Reinhard" in Belzec und Sobibor. Die Bilder zeigen zudem erstmals Iwan Demjanjuk auf dem Lagergelände in Sobibor.

Er war also dort. Was er getan hat, weiß niemand. Und natürlich kennen wir bis heute nicht die vollständige Wahrheit. Deshalb gilt für mich immer noch der Satz aus der Urteilsbegründung des Israelischen Obersten Gerichtshofes von 1993: „Die völlige Wahrheit zu finden, ist nicht die Aufgabe der menschlichen Richter."

Wiesbaden, im Juni 2022